Σχεδίες

© 2012 Γιώργος Δουατζής, Εκδόσεις Καπόν

ISBN 978-960-6878-54-1

ΕΚΔΟΣΕΙΣ ΚΑΠΟΝ

Μακρυγιάννη 23–27, 117 42, Αθήνα

τηλ. fax: 210 9235098, 210 9214089

e-mail: kapon_ed@otenet.gr   www.kaponeditions.gr

Γιώργος Δουατζής

Σχεδίες

ΕΚΔΟΣΕΙΣ ΚΑΠΟΝ

Η ΣΥΓΝΩΜΗ

Η ελάχιστη συγνώμη

να στρώσουμε τα ποιήματά μας
πορφυρό χαλί
στις λεωφόρους του μέλλοντος

να διαβούν οι νέοι
με τη ματιά υψωμένη

με την ελπίδα να μεταλάβουν
τουλάχιστον αυτοί
την ύστατη δικαίωση

ΨΙΧΙΑ

Σαν ψίχουλα δείπνου μυστηριακού
πέφτουν στη γη οι στίχοι μου
και τα σοφότερα των μυρμηγκιών
τους μεταφέρουν σε υπόγειες στοές
σκεπτόμενα τους δύσκολους χειμώνες
αυτά που δεν φοβήθηκαν ποτέ τον θάνατο
αλλά τη ζωή φοβήθηκαν

OYAI

Τη λύπη μου δεν θα τη βρεις
σε θάλασσες δρόμους κορυφές
ούτε σε γκρίζους ουρανούς

Θα τη βρεις λευκό πουκάμισο
στους καταφρονεμένους
τους αδύναμους
τους ταπεινούς
που περιμένουν ένδοξες μέρες
για να υψωθούν
κραυγάζοντας
Ουαί τοις νικηταίς

Τη λύπη μου δεν θα τη βρεις
παρά σε ένδοξες μέρες

ΖΩΟΓΟΝΕΣ ΡΙΠΕΣ

Οι ριπές ήταν αδιάλειπτες
με ένα στιγμιαίο σκύψιμο
θα έσωζε την άδεια πια ζωή του
μα το σωτήριο σκύψιμο
θα σκότωνε την περηφάνεια του

Δεν έσκυψε
και οι θανάσιμες ριπές
του χάρισαν ζωή αληθινή
αφού με αυτόν τον θάνατο
πήρε ουσία η ύπαρξή του

Έπειτα
άνοιξε τη μοναδική πόρτα
όπου υπήρχε βήμα
πέρα από το κατώφλι
εκεί που βρίσκονται έφηβες ψυχές
με ίχνη γηρατειών

Όπως ανακαλύπτεις ένα γίγαντα σε παιδικές παλάμες
ή
όπως τρυπούν την κουρτίνα τα χελιδόνια για να φωτίσει
ο άνεμος

Δεν επέτρεψα να του στήσουν ανδριάντα
πάντα σιχαινότανε τις κουτσουλιές...

ΜΗΝ ΤΟΥΣ ΠΙΣΤΕΥΕΙΣ

Μην τους πιστεύεις έλεγες
κούφια τα λόγια τους
παίζουν με την ελπίδα
κι εγώ μιλούσα για την Άνοιξη

Δυο κουκκίδες σε ανθρωποθάλασσα
που πίστευε στον ερχομό της Άνοιξης
κι εσύ με την εικόνα μου στα μάτια σου
να λες
κράτα δεν θα έρθει καθώς λένε

Έλεγες θέλουν
να μας σβήσουν τα όνειρα
να λέμε με σκυφτό κεφάλι ναι
να κάνουμε την αυταπάτη πίστη

Έλεγες εγώ έχω εσένα
μια κιθάρα
και την πλάτη φορτωμένη όνειρα
μην τους πιστεύεις

κι εγώ μιλούσα για την Άνοιξη...

ΔΕΚΕΜΒΡΗ ΔΩΔΕΚΑΤΗ

Τούτη η φεγγαροστιχίδα
το ωραιότερο τραγούδι
στα πιο ερημικά γενέθλια
χρόνια μετά

ή

Σαν τον αυτόχειρα
που με το ένα χέρι βουλώνει το αυτί
μην τον ξεκουφάνει
ο πυροβολισμός στον κρόταφο

ή

Εισπράττουν τη μοναδικότητα
εκείνου που φεύγει
μόνο με τη βεβαιότητα της μη επιστροφής
κι έτσι μακραίνουν οι μικροί τους επικήδειους

ΦΛΥΑΡΗ ΑΠΟΣΙΩΠΗΣΗ

Πώς είναι δυνατόν
να μην καταλαβαίνουν ότι έζησαν;

Δεν ήξεραν
μου λέει

κι έφυγε περπατώντας
πάνω σε αποσιωπητικά
που χάνονταν στον ορίζοντα

Τότε σκέφτηκα
ότι μπορώ να γράψω
ένα ποίημα

να το διαβάζω στο ταξείδι
από την ευεργετική μελαγχολία
προς την εξοχική μου κατοικία
τη θλίψη

ΛΟΓΟΥ ΔΙΚΑΙΩΜΑ

Τι να πεις
παραπαίων αυτόχειρας
δεν άκουσες
φωνές αδύναμων αδικημένων
συνομιλίες νεκρών ανάσες βρεφικές
γέννας κραυγές ύμνους ανάτασης
λόγια ερώτων ικεσίες οιμωγές
ποδοβολητά πλημμύρες πυρκαγιές
οργή παιδιών ανθρώπων και λαών

Τι να πεις
κενός αισθημάτων
δεν είδες
θαλάμους ψυχιατρείων αλυσόδετους
κηδείες άνευ φίλων συγγενών
ύπνους βίαιης απομόνωσης
πτώματα αδικοχαμένων σε σωρό
θανατερή οργή φύσης κι ανθρώπων
μύριες απώλειες καθημερινές

Τι να πεις
εκουσίως απών
δεν μύρισες
οργασμούς υπέρβασης
άλμη εξαίσια της Πηγής
κύτταρα εφηβαίου και μαστών
αίμα απώλειας αλκοόλ παράνοιας
άνθη περιθωρίου πικραλίδες απόγνωσης
νερό κρυστάλλινο πηγών

Τι να πεις
εραστής της αυταπάτης
δεν γεύτηκες
ταξείδια στίχων μουσικών
αγωνιώδες στέγνωμα λαιμού
πλούτο ψυχής το χάραμα
ερπύστριες μπαρούτι πυρκαγιές
σπηλιές ανεξιχνίαστες της Άνοιξης
του έρωτα τον παραλογισμό

Ίσως
για νάχεις κάτι να μας πεις
πρέπει να διώξεις την απορία στη ματιά
να αφανίσεις δικαιολογίες απραξίας
να βαδίσεις στην κόψη του όλα ή τίποτα
να αδικηθείς να τολμήσεις να φοβίσεις
να φοβηθείς να απειλήσεις να δακρύσεις
να κραυγάσεις να οργιστείς να παλέψεις
να διεκδικήσεις να ερωτευτείς να πονέσεις
και κυρίως
να αγαπήσεις

Ίσως
για νάχεις κάτι να πεις
πρέπει να πάψεις
να τρέμεις τη ματιά των ανθρώπων
και να διπλώνεις ως δούλος το κορμί

Και όλα αυτά γιατί δεν ένιωσες
πως τα συστατικά ήταν εκεί
στη ζωή που σου χαρίστηκε
μοναδική ανεπανάληπτη
και γι αυτό πολύτιμη

αλλά εσύ δεν τόλμησες

ΔΕΚΑΝΙΚΙΑ

Μνήμη Γιάννη Βαρβέρη

Μητέρα φέρε εκείνο το κηροπήγιο είπα κι άρχισα να
γράφω με τα δάχτυλα στο σκοτάδι και τότε πήρε να
μικραίνει ο ίσκιος της ώσπου χάθηκε στο φως διότι τι
σκοτάδι θα ήταν αυτό χωρίς το φως έστω πυγολαμπίδας

κι άρχισαν να με κατακλύζουν λέξεις
με σκέπασαν ολόκληρο
αλλά αναπνέω βαθιά
γιατί πάντα με στήριζαν οι λέξεις

σαν εκείνα τα ποιήματα
που ήταν δεκανίκια
για να περάσω απέναντι
μα κάθε πέρασμα
είχε ένα ρέμα πιο βαθύ

Μη μου τα πάρετε φώναξα
βασιλιάδες ή πιερότοι
δεν με διασκεδάζετε
κι έδειξα το μηδενικό στην πλάτη μου

Αυτοί θαρρούσαν ότι έπαιζα με τις λέξεις
δεν κατάλαβαν ότι τα δεκανίκια μου
ήταν τα τεράστια στέρεα γεφύρια
που με πήγαιναν πέρα κι από τους ουρανούς
προς...

Η ΑΦΙΣΑ

Ήσουν πάντοτε εκεί
συντροφιά εφηβικών ονείρων
με πρόσωπο αγγελικό σχεδόν παιδιού
με χρώματα υπονόμευσης του σύμπαντος

Μέρες και χρόνια, ίσως αιώνες
η μορφή σου πρόβαλλε στον απέναντι τοίχο
με το άνοιγμα της εξώπορτας

Με το χρόνο ξεθώριασαν
μορφή και περιγράμματα
άσπρισαν αμετάκλητα
τα χρώματα της επανάστασης
που θα δικαίωνε τα όνειρα
και ήταν πάντοτε νωρίς να γίνει
ή πάντοτε πολύ αργά
κι ίσως γι αυτό δεν έγινε ποτέ

Τώρα, ανήμπορος
παραιτημένος με ώμους κυρτούς
απόθεσα ξανά όνειρα κι ελπίδες
σε αυτό το αγγελικό σχεδόν παιδιού πρόσωπο
που έφτανε από το μέλλον

Βγαίνοντας ως την εξώπορτα
ακόμα βλέπω την αφίσα μου με χρώματα
όμως ο γιος που ποτέ δεν γέννησα
βλέπει απέναντι έναν άσπρο κάτασπρο
από αιώνες κενό νοημάτων τοίχο

ΕΠΕΤΕΙΟΥ ΑΜΦΙΣΒΗΤΗΣΙΣ

Τι να γιορτάζουν άραγε
με τόσους νεκρούς και συμφορές
τόσο αίμα κι απουσίες

Με τόσο κενό στο ένα
και μοναδικό τους στήθος
πώς μπορούν ρωτούσα
να γιορτάζουν την απώλεια
μα η φωνή μου
δεν έφτασε ποτέ σε προορισμό

Έτσι πήρα τα σύνορα στα χέρια μου
τα έκανα κομμάτια για να χωρέσουν
στα μικρά σακίδια της ιστορίας
και τα μετέφερα σε τόπους άχρονους
για κείνους τους κουφούς
που έμαθαν ότι πατρίδα
δεν υπάρχει χωρίς σύνορα
και πέθαναν με αυτό το ψέμα
γιορτάζοντας συνεπαρμένοι την απώλεια
και τους ζήλεψα που μπορούν
να γιορτάζουν εν κενώ

ΣΧΕΔΙΕΣ

Το όνομά μου δύο λέξεις
Πότε θα μάθω το όνομά μου

Πόσες μάσκες θα χωρέσει η ζωή
η ματιά μου πόσες

Βάλθηκα να αφαιρώ προσωπεία
έχασα το πρόσωπό μου
ψάχνω το όνομά μου
κι έπειτα
ήρθαν οι λέξεις

Όταν οι λέξεις εξακολουθούν πεισματικά να μην
κάποιος βογκάει και πενθεί
απειλείται φοβάται και εκλιπαρεί

Πονάω...

κι έπειτα πάλι και ξανά
ήρθαν οι λέξεις σχεδίες
σε αγριεμένη θάλασσα

Α, οι λέξεις, οι σχεδίες μου κι οι ναυαγοί...

ΑΠΕΙΛΗ ΑΟΡΑΤΟΣ

Κυνηγοί δύναμης επιβήτορες κενού σε υπόγειες σήραγγες
με δίνες αποβλήτων αφανισμού. Μετρούσαν κέρδη κι
έχασαν μέρες ανεπανάληπτες χωρίς επιστροφή και πού να
βρεθούν προοπτικές εκεί που χάνεται ο χρόνος...

Νόμιζαν πως ήτανε σκοτάδι
και δεν κατάλαβαν
πως είχανε τα μάτια τους κλειστά

έτσι, έφυγαν οριστικά δυστυχείς
χωρίς να μάθουνε ποτέ
γιατί ήρθαν

όπως εκείνα τα πτηνά
που κρύβουν το κεφάλι
νομίζοντας
πως έχουνε ολόκληρα κρυφτεί
από ποιόν άραγε
δεν τους καταδίωκε κανείς
πλην ενός αόρατου εντός
που χάθηκε κι αυτό
στην άκαρπη έρευνα
μιας στοιχειώδους δικαιολογίας
για το πως χάθηκαν ολόκληρες ζωές

και όταν μου ζητήθηκαν
κείνες οι ασαφείς ευθύνες
μόνη απόκριση αληθινή
δεν προλαβαίνω, δεν

ΑΝΑΓΝΩΣΗ

Μνήμη Κώστα Αξελού

Πώς διαβάζεις πατέρα
–του είπα–
οι νεκροί δεν έχουν μάτια
ούτε χρειάζονται το φως

Που να σου εξηγώ
–απάντησε–
για τη δύναμη της συνήθειας
τη μέθεξη της γνώσης...

και άλλαξε σελίδα

ΑΝΑΙΡΕΣΗ

Μικρόνοια, λόγος κενός, αδράνεια, κρυμμένη δύναμη,
άδεια ζωή, υπέρβαση αντοχής, πρόσληψη μη κατανόησης
και τέλος τρέλα...

Χαμήλωσα τα χέρια
άφησα την πέτρα στην άσφαλτο
τι και γιατί να καταστρέψεις άλλωστε
χωρίς προοπτική

Δια του λόγου το αληθές
δεν είναι η αδυναμία μου να γκρεμίσω
—τι πιο εύκολο άλλωστε
στα χτισίματα σας θέλω γενναίοι μου—
αλλά να, ασχολούμαι με την αξιοποίηση
του απορέοντος χρόνου μου
με έγνοια να είμαι χρήσιμος
σε κάθε πλάνητα, πλανημένο

Αυτοί κρύφτηκαν στην επανάληψη
στεγνοί από καιρό
σαν τον θρησκόληπτο
που έκανε το σταυρό του
οδηγώντας δίκυκλο και τον σκότωσε
μια τόσο δα μικρή λακκούβα

Κι έπειτα τι να κάνω ο πολυπεριπλανώμενος
που όσο διασχίζω την ωριμότητα του χρόνου
τόσο βυθίζομαι στα νομίζω, εικάζω, ίσως, πιθανώς

Τέλος, αφέθηκα ξανά στο σούρουπο
στα καθηλωτικά του χρώματα
συνωμοτώντας για τη μεγάλη εισπνοή
που φέρνει εκπνοή σαρωτική
από αυτούς που πλήρωναν
αγόγγυστα δεκαετίες
και τώρα ανακάλυψαν
ως περιουσία τους μοναδική
άυλες αλυσίδες

...πρόσληψη σαφής σου λέω
πρόσληψη μη κατανόησης
και τέλος τρέλα

ΝΥΧΤΕΡΙΝΕΣ ΑΠΟΡΙΕΣ

Πώς έκανα τη ζωή μου πώς

με τρυγημένους μύριους ανθούς
ανήκουστα μεγάλους έρωτες
αγάπες βαθιές αιώνιες
εύφορη μοναχικότητα
ισοβίως ημιτελή τραγούδια

Πώς έκανα τη ζωή μου πώς
ποτέ δεν έφταιγαν οι άλλοι

πλούσιος πολύ και σπάταλος
φτωχός μεγάθυμος
ιδιαίτερα μεγαλομνήμων

μόνος
ώστε να μιλούν ελεύθερα τις νύχτες
τα πιστά μου ποιήματα
σε πείσμα των σκυλιών
που αλυχτούν στην αγορά
σαν αχάριστοι ευεργετημένοι

Πώς έκανα τη ζωή μου πώς
ευτυχής πλην άπορος
ταχυπόρος πλην ανάπηρος
πανέμορφος πλην διακεκαυμένος
παράδειγμα μιμήσεως αποστροφής

Α, να ήξερες
πως έκανα τη ζωή μου πως
και πόσο πλήρης ημερών
ζω από την εφηβεία

ΟΡΙΑ

Κάποτε υπήρχε
μολύβι και χαρτί στο κομοδίνο
για τις απρόβλεπτες νυχτερινές επισκέψεις

Μετά ήρθαν τα ίχνη
δυο κυκλάμινα κι ένα κουκλάκι φυλαχτό
ίχνη ζωής, χαδιού αέρινου

Αργότερα οι στίχοι αραίωσαν τις νύχτες
χαρτί-μολύβι συνόδευαν τις μέρες

Τώρα πήρε ο άνεμος
χαρτιά ψιθύρους
και τα τραγούδια μου
απλώθηκαν στο άπειρο

Έτσι θεόγυμνος συμπαντικός
μπορώ ευθέως να ρωτήσω

πώς να πιστέψεις δάκρυα
περιγραφές κι εξιστορήσεις
με τόσες σωσίβιες κατασκευές
που σβήνουν τα πιο ριψοκίνδυνα όρια
του ψέματος με την αλήθεια
ή
όταν βουλιάζεις στα στερεότυπα
πώς θα χωρέσεις στις ανατροπές

Τώρα αναπολώ τις νύχτες
για κείνες τις απρόβλεπτες επισκέψεις
που φώτιζαν τις μέρες μου λαμπρά

ΜΕΤΡΙΟΦΡΟΣΥΝΗΣ ΕΓΚΩΜΙΟΝ

Είμαι μοναχικό εργαστήριο
ψυχή στροβιλιζόμενη στο άπειρο
χέρι που καταγράφει σκέψεις εσαεί
κι αισθήματα
με νόηση ανάλγητα γοργή
να ταλανίζει σώμα και μυαλό

Είμαι μοναχικό εργοστάσιο
με δυό ιδέες κινώ την οικουμένη
την τόσο μικρή κι ασήμαντη
ώστε αναλογίζομαι συχνά
αν της αξίζει η χάρη
να την κινήσω και γιατί

Είμαι μοναχική βιοτεχνία
ορίζω αλήθειες αυτοαναιρούμενες
αρνούμαι τις μοναδικότητες
χωρίς φόβο δέος ή απόγνωση
και γίνομαι αστείρευτη πηγή
θάρρους ελπίδας και ζωής

Είμαι μοναχική οικοτεχνία
με ήχους μουσικής και ρολογιών
γεννήθηκα γέροντας σοφός
και επιστρέφω για να γίνω βρέφος
ως μέγας δάσκαλος του εαυτού
μπαίνω στο βάθος των πραγμάτων
σπάω κελύφη παραπλάνησης
βουτάω αδηφάγος στην ουσία

Είμαι το μοναχικό εργαστήριο
εργοστάσιο, βιοτεχνία, οικοτεχνία
και κατά περίπτωση όταν οι ανάγκες
της κατανάλωσης το απαιτούν
βιομηχανία πάλι μοναχική είμαι
οικοδομώ εστίες με λέξεις
πανύψηλες εστίες οικοδομώ
χάρισμα στους ανθρώπους

Η φλυαρία μου
ροπή προς την παράνοια
η σιωπή μου
πύλη μοναδική να αφουγκραστώ
τον παραλογισμό του κόσμου

Ανέβηκα στην πιο ψηλή κορφή
κι αναρωτιόμουν νύχτες ολόκληρες
να πέσω στη γοητεία του κενού
ή να σε αναζητήσω
Και για να γράφω ακόμα...

ΞΙΦΟΥΣ ΑΙΩΡΗΣΗ

Αν ήξερες
πως η ιστορία γράφεται σε στιγμές
θα είχες κρατημένες πολλές ανάσες
για κείνη την αφήγηση
που αγωνίζεται αιώνες
να απαντήσει σε ένα
αιωρούμενο στους ουρανούς
γιατί

Θυμήσου τις ώρες που ο κόμπος πνίγει το λαιμό τη λύση
του Γόρδιου Δεσμού να την ξεχάσεις. Ξέχνα τον μεγάλο
φόβο μη χάσω τα λογικά μου και το χειρότερο ακόμα,
έτσι να αγνοώ ότι τα έχασα. Και μην λυπάσαι, αφού
για λόγους πρόληψης συνήθισα τόσο τη μοναξιά, ώστε
την εξαφάνισα μέσα στην επανάληψή της

ΛΥΣΗ ΦΩΤΟΣ

Έγινε κατάρα η ευαισθησία αντάριασαν οι ψυχές των
ανθρώπων κλείστηκαν σε κουκούλια αυτοπροστασίας κι
έτσι δεν είδαν ότι υπάρχει φως κι ας φώναζα υπάρχει φως
πολύ αλλά ως φαίνεται οι ήχοι μου αδύναμοι για τους τοί-
χους της μόνωσής τους και έτσι καταμόναχος σκόρπισα
τα τραγούδια μου στους Κυκλαδίτικους ανέμους κι άρχισα
τα ταξίδια στα σύννεφα που ζωγράφιζαν αγαπημένες

Έπειτα
επειδή δεν είχα το κουράγιο
να χριστώ αυτόχειρας
άρχισα να καλώ υποψηφίους δολοφόνους
εις μάτην όμως
διότι κανείς δεν άντεχε το φορτίο
μιας πράξης αμετάκλητης

Τότε μπροστά στο αδιέξοδο
να βρεθεί μια λύση
μάζεψα πάλι τα τραγούδια μου
ώσπου ρόδισε ο ορίζοντας
πολύ ρόδισε
και τελικά το φως όρισε
άλλες επιδιώξεις διάσωσης

όπως
να βυθίσω την ανθρωπότητα στην τέχνη
ή
να κοιτώ τους πίδακες στις φλέβες
να σπρώχνουν ερήμην μου
δεκάδες στίχους στο απέραντο

ΠΟΤΗΡΙ ΤΗΣ ΦΩΤΙΑΣ

Ποτήρι
πέλαγος μνήμη μέτρο
φωτιά και θάνατος
αίμα ομοίωση κι ανταμοιβή
καρδιάς απόσταγμα

Ποτήρι
πάναγνο της συντροφιάς

Γαρίφαλα φωτιάς
του έρωτα κόκκινα
πνίγηκαν σε κείνο το ποτήρι
όταν βύθισα το βλέμμα μου βαθιά
και σου ψιθύρισα

Δεν ξέρω αν ζεις ή πέθανες
Υπάρχεις

ΡΗΓΜΑΤΑ

Άγραφα ρήγματα ζωής με κράτησαν καθηλωμένο στους
μαβί ουρανούς με τα αεικίνητα σύννεφα. Από μακριά δεν
ξεχώριζα αν ήταν χιόνι ή μπαμπάκι και μόνο όταν πλησίασα
τους ουρανούς κατάλαβα πως χρειαζόμουν και τα δύο

Έπειτα, σταμάτησα το χρόνο
με τον τρόπο που έμαθα από μικρός
με τις γραφίδες βυθισμένες
σε αόρατες πηγές των οριζόντων
και ορατές εντός αιμάσσουσες πληγές

Αιχμαλώτισα λοιπόν τα σύννεφα
την ώρα που ετοιμάζονταν
για τον επόμενο σχηματισμό

κι ας μην το πίστεψες ποτέ
σκληρό το μαξιλάρι της ματαιοδοξίας
σαν την κατηγορία ότι έκρυψα την ηλικία μου
ενώ δεν έκρυψα ποτέ ότι δεν έχω ηλικία

Αν πάλι βρω την πρώτη
και την τελευταία λέξη
πού πότε πώς θα πορευτώ

κι αν τις αποκαλύψω και τις δυό
πώς θα με συγχωρήσουν
αυτά τα στιγμιαία
αιχμαλωτισμένα σύννεφα
με τις ανθρώπινες μορφές
που σκοτεινιάζοντας δακρύζουν

ΑΛΕΚΤΟ ΠΟΙΗΜΑ

Πάντα το ήξερες ότι θα είμαι εδώ
αλλά τώρα απομαγνητίστηκαν οι πυξίδες
και καραδοκεί ο μέγας σεισμός
με ένα θάνατο τόσο μεγάλο

Έλα μη μου πεις
ότι οι θάνατοι δεν έχουν διαστάσεις
είναι σαν να μου λες
ότι δεν έχουν δα και χρώμα

Άλλωστε πώς μπορεί να είναι ουσίας
ένας θάνατος χωρίς χρώμα
έστω αδιάστατο αλλά χρώμα

Είναι σαν εκείνο το χωρίς λέξεις ποίημα
που διάβασες στα μάτια τους
πριν το μεγάλο και οριστικό Αντίο

Πόσα ποιήματα διάβασες
πόσους κατευόδωσες

Κι εκείνα τα χτυπήματα της νεότητας στη πόρτα
να ρωτούν
ως πότε οι μεταγγίσεις σε λευκά χαρτιά..

KOKKINO

Στάζαν οι λέξεις κάτι κόκκινο
αίμα χρώμα
κάτι κόκκινο έσταζαν οι λέξεις
και το ποίημα έδειχνε αιμόφυρτο

αλλά κι αν ήτανε κρασί
κόκκινο κατακόκκινο
και μεθυσμένο το ποίημα
πάλι αιμόφυρτο θα έδειχνε

σαν το πρώτο παιδικό ποδήλατο
που σκουριασμένο στο υπόγειο
ανακαλεί μνήμες δεκαετιών
κι ακόμα κοκκινίζει τα γόνατα
από παλιές ματωμένες αταξίες

Η Ποίηση είναι
–μην ανησυχείς–
με τη σιωπή της γνώσης
κάνει τα όνειρα αληθινά
κι ας είναι αιμόφυρτα ή μεθυσμένα
και φεύγει
μόνο στην πλήρη αποδόμηση κυττάρων

ΟΙ ΑΝΕΜΟΙ

Στις Κυκλάδες οι άνεμοι μιλάνε
ακούγονται τις νύχτες της αναμονής
τα σούρουπα των ενδοσκοπήσεων
το χάραμα όταν παίρνουν υπόσταση
οι καθημερινές αλήθειες
οι μικρές δολοπλοκίες του νου
και οι ορίζοντες

Στις Κυκλάδες οι άνεμοι
λένε ολονυκτίς χιλιάδες μυστικά
που δεν χωράει νους ανθρώπου

Τα λόγια των ανέμων στις Κυκλάδες
χτυπούν τις πόρτες ξαφνικά
σαν εναγώνιος επισκέπτης
κι η παρουσία τους σημάδι ανεξίτηλο
σαν σπουδαίο ποίημα
ή σαν ελπίδα
ότι στην περιπλάνηση κρύβεται
πάντοτε ένας φιλόξενος κήπος

Οι άνεμοι στις Κυκλάδες
λένε μοναδικά τραγούδια
και χτες βαθιά μεσάνυχτα
μου χάρισαν μεγάλο μυστικό

ότι δεν ήσουνα εσύ
αλλά αυτή που είχα φτιάξει

ΑΜΥΝΑ ΔΙΑΦΑΝΗΣ

Αλάφιασμα ψυχής
απροσδιόριστο τρέμουλο
άκρως ευάλωτου παιδιού
που βρίσκεται πρώτη φορά στα σκοτεινά
μετράς φίλους κι ευαισθησίες
και δεν ζητάς
όχι για λόγους περηφάνειας αλλά ξέρεις άντρας ώριμος
πια όταν άλλες οι προτεραιότητες τα λόγια σου ζημιογόνα
και κανείς δεν έχει να δώσει τίποτα πια

Σε ρώτησα
Φοβάσαι να δεις τον εαυτό σου
ή μη σε δουν οι άλλοι;
Είπες
Έτσι διάφανος γυμνός
ποιόν και γιατί να φοβηθώ;

Έφυγες από το λευκοπράσινο νησί
μη σε προλάβει η πανσέληνος
λέγοντας σαν τον άθεο του χωριού
όχι άλλη ευτέλεια Θεέ μου...

ΦΟΝΤΑΝ ΕΠΟΧΗΣ

Εμμονή στη σιωπή μήνας ολόκληρος σιγής επιλεγμένης
με τα ακροδάχτυλα σε κίνηση αριστοκράτη εποχής με
το σκαμμένο έμφορτο πόνων στήθος του άριστα καλυμ-
μένο με εξόχως ακριβό ένδυμα επίσης εποχής

ή όπως παίρνεις με το χέρι σε κίνηση άκρας ευγένειας
ένα σοκολατάκι από τον επιμελημένα αρθρωμένο λοφίσκο
πάνω σε ασημένιο σκαλισμένο στο χέρι δίσκο σε σπίτι
νεοκλασικό ξεχασμένο δεκαετίες από τους εργολάβους
του εκσυγχρονισμού όπου πήγες για επίσκεψη λόγω
εορτής ενοίκων

κανείς δεν γνωρίζει αν και ποιος γιορτάζει κι εσύ επιμένεις
σε αόριστες ευχές που φυσικά είναι καλόδεχτες όπως
τα εύγευστα σοκολατάκια στο στόμα σου και η εμμονή
στη σιωπή δεν τους αφήνει να καταλάβουν αν πρέπει
να τελειώσει η επίσκεψη

ή αν οι γιορτινές μέρες θα έρθουν αύριο οπότε άξια ύπαρ-
ξης η επιμελημένα σιωπηρή σου επίσκεψη με την απορία
πώς έχουν τόσες ευχές ειπωθεί μέσα σε τόση σιωπή

Αλήθεια πώς τολμούν να απορούν για την επίσκεψη αφού
ήταν ντυμένοι γιορτινά ενώ κανένας δεν γιορτάζει και
τέλος πώς χώρεσαν τόσες ευχές στη σιωπή και βρέθηκαν
τόσα φοντάν σε γιορτινό τραπέζι

όταν δεν έδειξαν ίχνος απορίας για το άριστα καλυμμένο
έμφορτο πόνων στήθος του αριστοκράτη επισκέπτη τους

ΑΤΡΩΤΟΣ ΦΟΒΟΣ

Δεν έβγαινε από το σπίτι
γιατί όταν επέστρεφε ήταν πιο μόνος
μιλούσε ώρες πολλές μοναχικά
κι ύστερα είπε δεν θα απαγγείλει

Τρεμάμενες φωνές
του κάνουν συντροφιά
κι αυτοί στο χρόνο αναλλοίωτοι
με στίχους δυνατούς
κυλούνε τους αιώνες

Ανιχνευτής παράτολμος ψάχνει συνέχεια το παρόν ώστε
να σταθεί γαντζωμένος σε λόγια απλά για να φτάσει
την αληθινή Ποίηση

Κι ας μην αντέχει όσο κυλάει ο χρόνος
άντρες με τσακισμένη φωνή
κυρτές γυναίκες βουρκωμένες
χλωμά παιδιά σε αναφιλητά
χαμηλωμένους γέροντες σκυφτούς
τη δυστυχία στο βάθος των ματιών
λιμάνια σταθμούς
οριστικές αναχωρήσεις
μαντήλια αποχαιρετισμών

Ηρέμησε
άτρωτος φόβος ήτανε
που έμοιαζε θεϊκός

ΕΥΤΥΧΗΣ ΥΠΟΚΛΙΣΗ

Υποκλίνομαι στην ομορφιά
στο αδιάστατο άπειρο
αναρωτιέμαι ως πότε τόσο έφηβος

Βυθίστηκα στη σιωπή
παραδόθηκα σε πάθη
αγαπήθηκα από ναυαγούς
με δρόσισαν υπέροχα κορίτσια
και γεύτηκα τη μοιρασιά
σαν παιδί που δείχνει στη μάνα του
την πρώτη ζωγραφιά

Υποκλίνομαι
ευτυχής σαν ανθρωπότητα
χωρίς θρησκείες ενοχές και αμαρτίες

ΦΟΒΟΓΟΝΟ ΑΓΝΩΣΤΟ

Με έπνιξαν στέγες κήποι
αδυναμίες απεξάρτησης

μπουκώνουν τη ματιά
άχρηστα στολίδια
φορτωμένοι τοίχοι απουσίες

μου παίρνουν το οξυγόνο
ανάγκες φθειρόμενα σώματα
πόνοι σιωπηλές εντάσεις
ανατροπές αιμάσουσες οδυνηρές

Κι η πόλη μου
μελαγχολεί πολύ βαθιά
και καμιά φορά δακρύζει

ΟΙ ΑΓΝΟΗΜΕΝΟΙ

Όταν έγινε η μεγάλη έκρηξη εξακτινίστηκαν λέξεις στίχοι
κι έγινε η πιο λαμπρή βροχή και ξεχύθηκαν στους δρόμους
οι άνθρωποι να μαζέψουν λίγη στοργή και δυο τραγούδια
δοξάζοντας τους Ποιητές τούς μέχρι τότε μεγάλους
αγνοημένους κι απλώθηκαν γενναίοι ψίθυροι στην οικου-
μένη φράσεις που έρχονταν από πολύ μακριά

Δεν νιώθω μόνος διότι στο μέλλον θα τη βρω

Αν είμαι αυτός που νομίζω πώς έγινα άγαλμα;

Να αποδείξει τι σε ποιόν και γιατί ο στοχαστής;

Στο βάθος που δεν έχει μέτρο το μεγάλο φως

Μου είπαν ότι πεθαίνω αλλά ήμουν τόσο απασχολημένος

*Χόρτασε δικαιολογίες και πανάλαφρος έκανε τη μεγάλη
βουτιά*

Η αγανάκτηση ήρθε ως άλλος Άτλας

Μία κίνηση στον πίνακα με ένα σφουγγάρι
κι έγιναν όλα πάλι μαύρα

ΣΤΕΨΙΣ ΑΘΑΝΑΤΟΣ

Στον Γιώργο Πήττα

Μέρες γκρίζες βροχερές
σε σπίτι σφραγισμένο
και μόνος δρόμος διαφυγής
να διαπεράσει νοτισμένα τζάμια

Γράφει πονήματα
τι λέξη ακριβής ακριβεστάτη
περίκλειστον μελαγχολίας
τον πήραν και του φόρεσαν
στέμμα του κανενός

Στην μοναδική αυτή τελετή
όπου χάθηκε το υπό στέψιν κεφάλι
είπαν να φέρουν άστρα και φεγγάρια
ως όφειλαν να φέρνουν
μέρα και νύχτα

Εκείνους δεν τους άγγιξε θεός
—και πώς άλλωστε
αφού δεν τον κατασκεύασαν ακόμα—
αλλά οι πέτρες έγιναν φλύαρες
και προκαλούνε δέος
γιατί τους έδωσαν για φύλαξη
χιλιάδες προαιώνια μυστικά
και δυστυχώς μας ανησύχησαν πολύ

Το πένθος της απώλειας
προμήνυμα αρχής
και έγινε η γιορτή μεγάλη
που εκείνος ο έφηβος εντός
έστω δέσμιος αλλά δεκαετίες έφηβος
χαίρεται διότι υπήρξε
δούλος μόνον επιθυμιών
και αυτοκράτωρ στην απόλαυσή τους

κι έχει δικαίως τη βεβαιότητα
ότι ποτέ δεν θα πεθάνει
όντας αιώνες πριν πεθαμένος

ΑΝΤΡΑΣ ΣΠΟΥΔΑΙΟΣ

Για να έχεις διάλογο με κάποιον
ως κι εμένα ανάστησες
είπε

Είναι που καμιά φορά σε χρειάζομαι πατέρα
είπα

Δεν κουράστηκες να είσαι το παιδί μου;

Αφού ξέρεις
αντιστρέφονται οι ρόλοι μέσα στο χρόνο
ποιός παιδί και ποιός πατέρας
γιατί τολμάς τέτοιες ερωτήσεις;

Μα γιατί να τολμήσουν οι νεκροί
αφού έχασαν την πολύτιμη ζωή τους
είπε
και δεν ξαναφάνηκε ποτέ
όπως ποτέ δεν φοβήθηκε τον θάνατο
αφού γεύτηκε ζωή γεμάτη
κι έναν μεγάλο έρωτα

Αμέσως μετά
έγινα ο χωρίς επιστροφές
σπουδαίος άντρας
διερωτώμενος
τι μου προσθέτει η γνώση ρίζας
προέλευσης και χρόνου
τάχα να ανήκω γιατί και πού

Αμέσως πιο μετά
έδιωξαν οι μουσικές τους εφιάλτες μου
εκείνες οι φωνές με σήκωσαν πολύ ψηλά
κι οι κραδασμοί της ψυχής μου πήραν ρυθμό
ώστε να απειρώνομαι σε ήχους βιολοντσέλου

Δεν ξέρω αν ήταν αληθινή ή ψεύτικη
αλλά η φωνή έλεγε:
Δεν θα γείρεις πουθενά
δεν θα πάρεις ευχή, ευλογία
δίχως ρίζα θα πορεύεσαι

Τέλος παρηγοριόμουν ότι οι μεγάλοι αγώνες δεν χρει-
άζονται σπουδαίους αλλά επί της ουσίας μόνους και
μες τη σοφία της σιωπής ένιωθα πάντα χρήσιμος ως
σκεπτόμενος ή αυτόχειρας

ΓΥΡΙΣΜΟΣ ΑΜΑΡΑΝΤΟΣ

Στον Μιχάλη Αμάραντο

Θέλεις να φύγεις
αλλά τα ταξίδια σου
έχουν πάντα επιστροφή

Και το χρόνο να σταματούσες
στον προορισμό
κατά ένα ανεξήγητο τρόπο
θα είχες πάλι και πάντα γυρισμό

Ούτε την αυγή μπορείς
γιατί το χάραμα δυσκολότερο
μυρίζει ακόμα
ο ύπνος στο κορμί της
ο καπνός σφίγγει τον λαιμό
ο καφές διέγερση
κι εκείνη η συμφωνική μουσική
δεν έχει τέλος

Γνώριζες ότι η σκάλα
της θεϊκής φωνής της
δε θα σε φτάσει πουθενά
γιατί κι αυτή δεν έχει τέλος

και ως αβέβαιος παντογνώστης
κάνεις την παλέτα σου
τεράστια σχεδία
σφίγγεις το μολύβι
σημαδεύεις τον χρόνο
και ζωγραφίζεις τη μνήμη
των αυριανών σου ημερών

ΚΛΟΠΕΣ ΕΝ ΚΕΝΩ

Και ήρθαν οι έμποροι ζύγισαν το μυαλό μου με αριθμούς
ποσοστά και αποδόσεις και τους έπιασα να κλέβουν στο
ζύγι όπως πάντα έκαναν οι έμποροι. Για λόγους αρχής
δεν μίλησα γιατί δεν έχει νόημα όταν στο ζύγι κλέβουν
το μυαλό σου κι έτσι έφυγα με βήματα αργά για να
ελευθερωθώ από το βάρος των συναλλαγών τους

κι ως ήταν φυσικό
δεν μπόρεσαν να δουν
πως προτιμώ τα ανείπωτα
και έτσι αναπάντητα γιατί
αντί μιας απάντησης
που αφανίζει ερωτήσεις

Πώς να εκλάβουν οι έμποροι λοιπόν
ότι δεν είσαι έμπορος ομοίως

Δεν φταίνε που δεν μπόρεσαν
να ζήσουν ευτυχείς
σαν λαός χωρίς πολιτικάντηδες
ληστές κακοποιούς
και κυνικές πουτάνες

ΘΕΣΠΕΣΙΑ ΑΥΤΑΠΑΤΗ

Και σου είπα
δεν είμαι δεν μπορώ
και κυρίως δεν θέλω
να γίνω θαυματοποιός

Πώς να ενώσω
το φως με το σκοτάδι
τον έρωτα με το μίσος
τη φωτιά με το νερό
χωρίς να σκοτώσω
το ένα από τα δυο

Γι αυτό σου μιλάω
για το θαύμα του έρωτα
αφού εκεί μπορώ να αυταπατηθώ
ως καλεσμένος στον γάμο της Κανά
με λέξεις και στίχους
που κάποτε σώζουν ζωές

κι έπειτα είναι τόσα
τα θελήματα του θεού σας
που χαθήκατε σε ένδοθεν αποστολές
και δεν είδατε ότι είναι δυνατό
να στηριχθεί ένα ολόκληρο οικοδόμημα
πάνω σε ένα ζωογόνο φύσημα

αλλά κι αν είναι αυταπάτη
στα ολισθήματα κρύβονται
πολύτιμα νοήματα κι αλήθειες

γι αυτό αγαπάω τα διδακτικά μου λάθη
κι ας πονούν
εκλαμβάνοντας ως ελιξήριο νεότητας
την γνώση

ΜΑΚΑΡΙΑ ΚΑΤΑΦΥΓΗ

Δεν ήξερα ότι είσαι ποιητής
   Με έκρυβε η δημοσιότητα δεκαετίες

Κι όταν στερέψουν τα εφόδια τι θα τραγουδάς τις νύχτες;
   Δεν θα στερέψει η ζωή υπάρχουν και οι νυχτωδίες

Είπε, είπα κι άρχισε ο άνεμος να παίρνει τα λευκά χαρτιά,
όπου ήδη είχα γράψει μύριες εξομολογήσεις, μακριά
πολύ μακριά μέσα στο σύμπαν

εκεί όπου
οι άνθρωποι
βρίσκουν στην Ποίηση
το πιο ασφαλές καταφύγιο
και βυθίζονται σε ύπνο
μακάριο αλεξίπονο

εκεί όπου
οι θάνατοι κάθε ζωής
έχουν χρώμα πορφυρό
βαθύ κι ανεξίτηλο

εκεί όπου
οι ανθρώπινες πληγές
ζωγραφίζουν στον άνεμο
τα πιο προσωπικά ποιήματα
σκορπίζοντας στη γη
δύναμη αντοχής κι ελπίδα

Και όσοι πίστεψαν
πως θα στερέψει το τραγούδι μου
δεν είδαν ότι έφυγα με ένα μίσχο
και όσα στολίδια κι αν φορτώθηκα
με πήρε ο άνεμος γυμνό

έτσι —ακούστε τον ψιθυρισμό— κάνω τις μεγαλύτερες
συνωμοσίες με τον εαυτό μου σχεδιάζω πορείες σε
δύσβατα σοκάκια βγαίνω τις νύχτες κλεφτά περπατώντας
στα ακροδάχτυλα τραγουδάω υμνώντας τη σιωπή που
μου χάρισε τις σπουδαιότερες ανακαλύψεις και συνεχίζω
να απορώ πώς και γιατί τρέχουν τα τρένα σε επιθαλάσσιες
ράγες χαράζοντας προορισμούς

ΕΡΩΤΗΜΑ

Στον Γιώργο Ίκαρο Μπαμπασάκη

Δεν λέω
είναι ασφαλώς ένα ερώτημα
τώρα που γερνάω μεγαλώνω ωριμάζω
—πάντα έψαχνα την καταλληλότερη λέξη—
αν
η μείωση της ματαιοδοξίας στο ελάχιστο
είναι ακραία εκδήλωση σοφίας

ή απλά μια σθεναρή κατόπτευση
κάποιων πτυχών της γνώσης
στο όριο του μηδέποτε απόλυτου

ή ετοιμασία για την οριστική μοναδική κι ανεπανάληπτη
αναχώρηση αποδεκτή ήδη από την εφηβεία ως τελευταία
πράξη ζωής μακριά από φόβο ή λύπη

Πώς θα γινόταν όμως πώς
να χτίζονταν οι Παρθενώνες
χωρίς το κατακλυσμιαίο κι απέραντο
αίσθημα ματαιοδοξίας

Η μύηση στο έργο τέχνης
παράδοση στον δημιουργό
αυτόν τον χωρίς λαό εξουσιάζοντα
μικρό θεό που εκ του μηδενός
με υπερβατική πολύσκοπο αφετηρία
διαχέει ζωή και στηρίζει
άχραντες δικαιολογίες ύπαρξης

Μην παραλείψω βέβαια να σου πω
και για την ταπεινότητα
που συνεχώς μου δραπετεύει
μέσα από επιθυμίες
με επικυρίαρχη την αδηφάγο μοιρασιά

ΑΜΕΤΟΧΟΣ

Αγνοούν πεισματικά
ότι αιώνες τώρα οικοδομεί
στηριγμένος στο παράλογο
με αγκαλιά τη ματαιοδοξία
δίνει συνέχεια στη ζωή
υπονομεύοντας μακαριότητες

Εύλογο που δεν συγχωρούν
την ανάσα τα πετάγματα τις κινήσεις
τους έρωτες το αθώο βλέμμα
τις άδολες βλέψεις τις ευεργεσίες
το δόσιμο την ανοιχτή αγκαλιά
τους ποταμούς μελαγχολίας στη ματιά

Ανήσυχοι τον εγκαταλείπουν
σαν ίσκιο σε ηλιοβασίλεμα

Για να καταλάβεις την τόση εγκατάλειψη ούτε δυο στίχοι
του δεν εκποιήθηκαν και κανείς δεν άκουσε πώς έγινε
αυτό το τυφλό τραύμα στον κρόταφο όταν άρχισε να
μαζεύει τις φωτογραφίες. Μόνο την άλλη μέρα βρήκαν
το νεροπίστολο κι έτσι αντιλήφθηκαν γιατί δεν υπήρξε
ήχος πυροβολισμού παρότι στο πάτωμα βρέθηκαν κάτι
σταγόνες αίμα. Τώρα, ανθρώπινου, ποιητικού, θα σε
γελάσω...

ΦΛΟΓΙΣΜΕΝΗ ΑΓΚΑΛΙΑ

Πώς θα γινόταν να φανεί το χρώμα φλογισμένης αγκαλιάς
με χέρια αιωρούμενα σε ατελείωτο κενό σε ένα δωμάτιο
κόκκινο σαν αίμα με την υποψία ότι αυτοί οι θάνατοι
θα μπορούσαν να χτίσουν ένα ποίημα

αναρωτήθηκε

και ελάλησε τρις ένας άγνωστος κόκορας κάτι νύχτες
μεγάλες σαν αιώνας απέραντα ήσυχες ώστε να ακούς
το αίμα που κυλά στις φλέβες ρυθμικά σαν τις αλήθειες
τις αποκαλύψεις τους ύστατους χαιρετισμούς σαν τα
σκοτεινά τραγούδια που γεννιόνται κι έρχονται μέσα
από τη σιωπή και στη σιωπή πεθαίνουν

έπειτα

κατέφυγε και πάλι στη σιωπή για να μάθει συντροφιά
με κείνη τη μυρωδιά κολόνιας παιδικής τόσες δεκαετίες
μετά, τόσες...

ΜΑΤΙΕΣ

Ήταν τόσο διαθέσιμος
που διαχύθηκε
μέσα από σχισμές παραθύρων
και χάθηκε οριστικά

Κάποιοι είπαν ότι τον είδαν
να ίπταται στο Αιγαίο πέλαγος
αλλά αυτός διατείνεται
ότι δεν βγήκε από το σπίτι του ποτέ

Άλλοι πάλι
τον είδαν να σκάβει τις νύχτες
τα βράχια στις Κυκλάδες
αλλά τα χέρια πεντακάθαρα
κι αυτός επιμένει
πώς όλοι οι άνθρωποι
είναι στο τέλος αναμνήσεις

Και όπως πάντα
η αλήθεια κρυβόταν
στο μυαλό του καθενός
με μύριες εκδοχές
αλλά αυτός έπρεπε να χωρέσει
ολόκληρη ζωή
σε μια μικρή ανάμνηση

όπως χωρούν σε ένα δωμάτιο
οι μεγαλύτερες μουσικές
ή τόση πίκρα σε ένα ακορντεόν
όπως τόσο κενό μέσα στο κενό

Είπαν πως είναι σαν κιτρινισμένο όνειρο
που έχασε της ζωής το κόκκινο
μέσα στην επανάληψη
αλλά αυτός αναρωτιέται
τόσο κενό στο τόσο της ψυχής
πώς να χωρέσει

και δεν είναι που με το θάνατο φεύγουν οι ζωντανοί
οριστικά αλλά το χειρότερο παύουν να έχουν συναισθή-
ματα κι αυτό κάνει την έλλειψη οδύνη

ΤΟ ΒΑΡΟΣ ΤΗΣ ΣΚΙΑΣ

Στον Στέφανο Ροζάνη

Συναστρίες ίσκιοι και όνειρα
με φυγάδευσαν με σιγουριά
μπαίνοντας στον κόσμο σου
Ποιητή μου

Έχεις κουράγιο να ζεις μακριά από τα όνειρά σου –κι
ας σε έδιωξαν εκείνα– και έχεις ώμους τιτάνιους για να
αντέχεις ως σκιά ακόμα και τη βαρύτερη δειλινή ώρα

Έτσι, που η δικαιολογία *γι αυτό είμαι εδώ* να φαντάζει
αληθινή ενώ στα βάθη σου ξέρεις το μεγάλο ψέμα

Είσαι εκεί, γιατί αλλού δεν θα υπήρχες, γιατί αλλού δεν
θα έγερνες ως σκιά και κει κρύβεται η οφειλή ολόκληρης
της ύπαρξής σου

Κι αν όχι
πώς έφερες εντός σου
τη μακάρια ευλογία του Ποιητή
δεκαετίες τώρα;

ΣΤΗΝ ΠΟΛΗ ΑΥΤΗ

Στην πόλη αυτή που κατοικώ
γέμισε ο ορίζοντας απαγορεύσεις
φόβους διλήμματα
μίσος φυλακισμένα σπέρματα
κι ολόμαυρες πουτάνες

Στην πόλη αυτή που κατοικώ
πληρώθηκε ο χώρος απαξίωση
οσμές παράκρουσης κι ελαστικών
φωτιές παραβιάσεις οιμωγές

Στην πόλη αυτή που κατοικώ
απλώθηκαν κραυγές ανθρώπων
νύχτες φόβου μέρες οδύνης
βάρβαρη ομίχλη κατακτητική
δάκρυα καπνοί και χημικά

Στην πόλη αυτή που κατοικώ
γεύονται βουλιμικά τα έργα τους
και λοιδωρούν τους δημιουργούς τους
φυλάκισαν χαρά κι ανάσες
και το ξημέρωμα απόκαμε
και ξέχασε να έρθει

ίδιο με λύπη που νεκρώνει
αν δεν την μετατρέψεις σε θυμό
σοφής ανατροπής

ΚΑΤΑΤΑΞΕΙΣ

Στον Απόστολο Μπενάτση

Σε ποια γενιά να με κατατάξεις φίλε μου
εγώ δεν έχω
η πατρίδα μου δεν έχει σύνορα
σε ποιας γενιάς κλουβί να με κλείσεις
όταν έχω φύγει από πολύ νωρίς
σχεδόν παιδί
για κείνη την χωρίς περίγραμμα χώρα

Δεν χωράμε σε γενιές και κατατάξεις
παρά μονάχα σε ψυχές
διψασμένων ανθρώπων
κι εκεί ταξιδεύουμε βυθισμένοι
στο απόλυτο μιας ελευθερίας
κατακτημένης με αγώνα
εσαεί μη αναιρούμενης
από σειρήνες ευτελών

Σε ποια γενιά να με κατατάξεις
αφού κανείς δεν μπόρεσε
να κλείσει σε γενιές και ορισμούς
τον ουρανοβυθισμένο Ποιητή
με τον μοναχικό του κόσμο
και κυρίως με τη γνώση να ζει
άρα και να πεθάνει

Αυτός ο τόσο υψιπετής
μόλις εφηύρε το αλεξίλεξο
έπεσε να κοιμηθεί
στιχοβολώντας τα χνώτα του
για να μοσχομυρίζουν το πρωί
ως και τα όνειρά του
αυτό το εξαίσιο άρωμα
του ορθωμένου λόγου
χαρίζοντας τα ομορφότερα αγάλματα
στις πλατείες της οικουμένης

Γι αυτό σου λέω φίλε μου σε ποια γενιά να με κατατάξεις
και γιατί, εγώ θα τραγουδώ αφού σβήσει και το τελευταίο
κούτσουρο στο τζάκι κι έπειτα δεν σε μέλλει αν έκανα
πρώτιστο καθήκον το δόσιμο από ματαιοδοξία ή ανάγκη
μοιρασιάς αφού η προσφορά μετράει και όχι η καθημερινή
μου συντριβή

Και πρόσεξε
αυτές που ακούς
δεν είναι υπόγειες μουσικές
αλλά η καρδιά μου
όταν τα μάτια ανοίγουν
για να υποδεχτούν τη μέρα

ΑΥΤΗ Η ΛΥΠΗ

Η απώλεια πένθος
στο πένθος ταιριάζει
το κενό κι η σιωπή
άκρα της ζωής σιωπή
εκεί που δεν χωρούν οι λέξεις

Αυτή η λύπη δεν αφήνει περιθώρια
για γραφές και ανατάσεις
ρίχνει το βελούδο της
σκοτεινό μπλε σκούρο
και ναρκώνει

Ήταν τις νύχτες καταρχήν
τώρα απλώνεται όλες τις ώρες
λάδι παχύρρευστο αργό
σε λασπωμένους δρόμους

Αυτή η λύπη καταιγιστική
σαν τη Μαρία Κάλας
Μήδεια Επιδαύρεια δεκάδες χρόνια πριν
ιεροφάντισα με μακρύ σκούρο χιτώνα
να σπέρνει απώλεια πένθος σιωπή
μετά την αποτρόπαια πράξη

Κι απλώθηκε ο κάματος
χιλιάδων καθημερινών θανάτων
πένθος σιωπηλό σαν τα μάτια
από τις ουρές των παγωνιών
όταν κατακλύζουν το δωμάτιο
και εικονίζεται η λύπη

Η απώλεια δεν έχει λέξεις ήχο
διότι είναι πένθος σιωπή
και σκούρο μπλε βελούδο

Η λύπη τίμημα χαράς
κι είχα τεράστιες οφειλές
βυθισμένος σε χρέη πανάρχαιων απολαβών
ως λάτρης του παράταιρου του πλέον οχληρού
στην κοινωνία των ανθρώπων

Ες αύριον ίσως ες αύριον
γιατί μονάχος πώς να αδειάσεις
μια στείρα λύπη στο κενό;

ΟΙ ΗΡΩΕΣ ΜΟΥ

Οι ήρωές μου
φορούν ξεθωριασμένα ρούχα
διηγούνται απέλπιδες εφόδους
στέκονται δεκαετίες περήφανοι
στο μαγιάτικο ήλιο
γυρεύοντας μιαν αναγνώριση

Με οπλισμό πρωτόγονο
τραχιά χαρτιά πένες πολύχρωμες
τραγουδούν ύμνους ζωής δοξαστικούς

Οι ήρωές μου
απλώνουν το χέρι μόνο για να δώσουν
στην αφή τους ντρέπομαι
για όσα δεν έκανα
και δεν θα κάνω πια

Οι ήρωές μου
έχουν βλέμμα σταθερό
ήλιος τους σημαδεύει στην καρδιά
κρυώνουνε κι αναζητούν
όνειρο κοινό ανθρώπινο
να ζεσταθούν

Γεια σου Γιάννη, Μαρία, Τάσο, Γιώργο
Βασίλη, Βαγγέλη, Σπύρο
Τι γίνεται εκεί στο πουθενά;
Κοιμάστε ή δεν θα ξυπνήσετε ποτέ;

Γεια σας και βέβαια θα τα πούμε αύριο τώρα φεύγω
βυθίζομαι με απειλούν δύο τεράστια αθώα παιδικά μάτια

ΤΥΦΛΗ ΑΝΑΣΑ

Για να νικήσω τις επάρατες σκιές
φρόντισα να γίνω χρήσιμος
στον τυφλό της γωνίας
που αφουγκραζόταν
ως και τη μικρότερη λύπη
και βάδιζε χωρίς λευκό ραβδί
πανέτοιμος από καιρό
για τη μεγάλη απουσία

Εδώ και χρόνια είχε
δικαιολογία αναπνοής
χρήσιμος απολύτως
αφού ελεώντας οι άνθρωποι αλαφραίνουν
και με το βαθύ σκοτάδι της παρουσίας του
εκείνοι καταχαίρονταν το φως

ΚΑΘΗΜΕΡΙΝΗ ΕΞΟΔΟΣ

Είναι φορές που δεν χωρούν στο στήθος οι ανάσες όπως
συχνά δεν χωράει την αύρα μας ο χώρος και φτάνει
εκείνη η μοναδική ματιά που τρυπάει όρια ορίζοντες κι
αναμονές και ξέρεις ότι οι ελπίδες κρύβονται πάντα όταν
πέφτει ο ήλιος και η μελαγχολία γυαλίζει το άρμα της για
την καθιερωμένη έξοδο του σούρουπου

Σε βεβαιώνω
πως ο ίσκιος της μελαγχολίας μου
πολυδιάστατος
διότι πού θα χωρούσαν
τόσα ποιήματα

Αναρωτιέμαι βέβαια
τι φταίνε τελικά τα σούρουπα
όταν σε αγγίζει
η πιο παγωμένη νύχτα του χειμώνα
όταν λες *σε ποιόν να μιλήσω και γιατί*
και νιώθεις ενήλικος μονολογώντας
Πατέρα, τα χέρια σου δεν γέρασαν ποτέ
το είδα με το βλέμμα στα χέρια μου
αλλά δεν έχω απογόνους

Τότε φορώ το καλό δερμάτινο γιλέκο βάζω τάχα αμέριμνος
τα χέρια στις τσέπες κι ετοιμάζομαι για την καθημερινή
μου έξοδο ενώ για κάθε ενδεχόμενο περνώ ξανά στο
σωτήριο κατά βούληση *παρών - απών*

ΕΥΓΝΩΜΩΝ ΚΑΤΑΓΡΑΦΗ

Στον Κώστα Γεωργουσόπουλο

Δάσκαλος στη δεύτερη Δημοτικού ήταν ο κύριος Γιάννης Καραντάνης, φορούσε καθημερινά το ίδιο γκρίζο ένδειας σακάκι σταυρωτό

Δάσκαλος στην τέταρτη Δημοτικού ήταν ο κύριος Ανάργυρος, φορούσε καθημερινά κι αυτός όμοιο γκρίζο σταυρωτό σακάκι

Αναγνωρίσιμοι κι οι δυο από τη φθορά του σακακιού και το αγέρωχο υψιπετές βλέμμα της περηφάνειας, κάτοχοι γνώσης ταγμένοι σε προσφορές ιδανικών

Δασκάλα στο Γυμνάσιο η γλυκυτάτη κυρία Νίκη Κωτσοβούλου, πηγή αγάπης για παιδιά που γίνονταν έφηβοι, άντρες

Μου έμαθαν πως μπαίνουν στη σειρά τα γράμματα και σχηματίζουν λέξεις, που φέρουν αγόγγυστα ως και τα πιο βαθειά νοήματα

Μου έμαθαν πως η σοφία των γερόντων και των αγαπημένων ποιητών είναι αφή στην ευτυχία και μόνη αλήθεια, η ανυπαρξία μοναδικής αλήθειας

Μου έμαθαν την ταύτιση λόγου, ανθρώπου, εαυτού και άλλα ακριβά πολύτιμα μου έμαθαν

Α, κύριοι Καραντάνη και Ανάργυρε, κυρία Νίκη Κωτσοβούλου, μου δώσατε σχεδίες διάσωσης και τώρα ως ελάχιστη ανταπόδοση σας δίνω αυταπάτη αθανασίας...

ΕΝΟΧΟΙ ΕΥΑΙΣΘΗΣΙΑΣ

Πώς τους αξιολογείς με μέτρο τις ευαισθησίες
μου λέει

Μα δεν βλέπεις
του λέω
όταν βουρκώνουν φορούν ακόμα και τις νύχτες
εκείνα τα σκούρα γυαλιά ηλίου
που φορούν οι ένοχοι κι οι καταδότες

σαν τους γνωστικούς προσκυνητές
που φτάνουν από τα πέρατα της γης
και προσκυνούν το έργο
του *τρελού* Βικέντιου Βαν Γκόνγκ
ή
σαν τους αστυνομικούς στο μουσείο της Μαδρίτης
που φρουρούν τη Γκουέρνικα
του αλλοπαρμένου Πάμπλο Πικάσο
σαν η εξουσία να προστατεύει
τα μαχαίρια που την μάτωσαν

Τέλος νιώθω μικρός εκδικητής στο όνομα των χιλιάδων που
χάθηκαν για να μπορώ διάφανος να μοιράζω να μοιράζομαι
δάκρυα κι ευαισθησίες στην προσπάθεια να οικοδομήσω
επιτέλους μια από τις ωραιότερες επαναστάσεις

τόσο διάφανος που με εξέλαβαν ως άτρωτο και πανικο-
βλήθηκαν στην εικόνα κίνησης των άδειων ρούχων μου τα
οποία εκτελούσαν εκ της αρχαιότητος διαρκή διατεταγμένη
υπηρεσία μεταφοράς της προαιώνιας σκυτάλης

ΑΝΑΔΡΟΜΗ

Με γέμισε ελπίδα η εικόνα
αυτού του εξαίσιου γείτονα
που τον κρυφόβλεπα να διευθύνει
την φανταστική ορχήστρα του
στο Μίσα Σολέμνις του Μπετόβεν
με υψωμένα στο άπειρο τα χέρια
με νευρώδεις κινήσεις ζωής
με τον ίδιο τρόπο ίδια ένταση
όπως έκανα μικρό παιδί
και με συνέπαιρνε η μουσική
και πήγαινε στα ύψη η ψυχή

Μην παραλείψω τη σκέψη πως ο εξαίσιος γείτονας - ανα-
δρομή με τέτοια έργα υψηλά κινδυνεύει να πειστεί ότι
υπάρχει κάποιος θεός που τον ύψωνει μυστηριακά

ΔΕΙΚΤΗΣ ΑΠΑΞΙΑΣ

Το πανηγύρι είχε στηθεί από καιρό και ο τιμώμενος δεν
ήταν άγιος αλλά εκείνη η πόρνη που ατύχησε γιατί είχε
μοναδικό εμπόρευμα το αψεγάδιαστης ομορφιάς κορμί
της ηρώο σάρκινο όπου τα πάθη γιγαντώνονται και
φυλλορροεί η σκέψη

κι έπειτα
όλοι κάτι εκποιούν για την επιβίωση
μην έχεις ενοχές

κάποιοι πουλάνε
συνειδήσεις και ψυχές
χωρίς αιτία

και μάλιστα με απαξία δείχνουν
με το δάχτυλο την πόρνη
που τους χάρισε στιγμές μοναδικές

λες κι έφταιξε εκείνη
για τις δια βίου ανεπιτυχείς
πρόβες να παίξουν τη ζωή τους

λες κι έφταιξε
που δεν τους περίμενε κανείς
σε λιμάνια και σταθμούς

που έχασαν το κέντρο βάρους
κι έγιναν άντρες πλάγιοι

που ξέχασαν πως
ιερό το ύψιστο δούλος το έσχατο
Ιερόδουλος

Έτσι είναι έτσι
Το πανηγύρι αυτό κρατάει αιώνες
είπε
και πάλι δεν τον άκουσε κανείς

Τόσοι αποκλεισμοί
κι αυτός υψώνεται...

ΑΣΑΦΕΙΕΣ

Όταν άρχισαν οι ανακρίσεις
ψιθύρισε
Τι να σας πω εκείνη την ώρα
έγραφα ένα ποίημα

ΣΚΟΥΡΑ ΟΜΟΡΦΙΑ

I.

Η ομορφιά διάχυτη
στην κεντρική πλατεία
γιόρταζες αγαπημένη
κι ήσουν χαμένη σε ολόλευκες
δαντέλες της χαράς

Όποτε και να έφευγες
θα ήταν πάντοτε πολύ νωρίς
και πάντα θα υπήρχε χώρος
για τις δικές μας θάλασσες ονείρων
στόχων ελπίδων ξαφνιασμάτων
ανάσας και απολαβής

Έχω μυαλό ξενιτεμένο αγαπημένη
γεμάτο δώρα από ταξίδια μακρινά
που σε ποτίζει ακρανθών χυμούς
μη και διψάσεις με τις απουσίες

II.

Μικρή αγαπημένη
κινδύνων διασπορά
σκούρα ομορφιά
με μπουκωμένα μάτια
άρπαξες τη λεία
των εφηβικών μου στόχων
και ακριβό φυλαχτό σου άφησα
τα λόγια που δεν είπαμε

Άπειρα χρώματα το πορτραίτο σου
για να αγκαλιάζεις ό,τι αναπνέω
ένθα ου τόπος και χρόνος
απανταχού αυτής της καθημερινά
αυτοχειριαζόμενης γης

III.

Με αρματωσιά εσένα μπήκα
στις χώρες του σκότους φωτεινός
και βρήκα πολλαπλά τιμήματα
κρυμμένους θησαυρούς

Αν όλα δεν είναι έρωτας
τότε παντού κενό αγαπημένη

Είσαι το δικό μου
παράθυρο στον κόσμο
και πώς θα μπορούσε
να υπάρχει ο κόσμος
χωρίς εσένα

Αναρωτιέμαι
αν μπορέσω ποτέ να δω
με τα δικά σου μάτια
τις διαστάσεις του ειδώλου μου
στην όμορφη ψυχή σου

IV.

Πήρες μέσα μου το χρώμα
το σχήμα της Άνοιξης

Ήξερα πως θέλει τόλμη
το προσκύνημα στην Άνοιξη

Τόλμησα ευφρόσυνος
τον κόσμο των γενναίων
άγγιξα την υπέροχη κοιλιά σου
επιστροφή φώναξα, επιστροφή
και με ένα χάδι έγραψες στον άνεμο
Υπέρτατη αξία η αλήθεια της αφής
έκλεισες μάτια και αυτιά
κι ήταν οι διαδρομές εξαίσιες

Ποίηση στιγμών – αιώνων

V.

Βυθίστηκα στο σώμα
το μυαλό και την ανάσα σου
στην άβυσσο βυθίστηκα
που φέρει το όνομά σου

Πλημμύρισέ με φώναξες
και χάθηκε ο κόσμος

Πώς θα ήταν η ζωή κι ο θάνατος
χωρίς τον παραλογισμό του έρωτα
πώς αγαπημένη;

VI.

Α, πόση ζωή μας έφαγαν τα λόγια
και πόσα ανταλλάξαμε...

Πάντα μου αποκάλυπτες όλη τη χαρά
της σύντομης μοναδικής
και γι αυτό μονάκριβης ζωής μου
γιατί εσύ ήξερες πάντοτε να κάνεις
χαρούμενες τις μέρες μου

Ήσουν παιδί
σε δοκιμαστήριο ρούχων
σου χάριζα αθανασία
φεγγάρια και λουλούδια
συντρόφευα τον ύπνο σου
νικώντας αποστάσεις

Μη σε κάνουν λοιπόν οι μέρες λυπημένη
όποτε και να έρχεσαι
συμβαίνει πάντοτε να είναι αργά
κι όταν πραγματικά αργείς
πάντοτε σκοτεινιάζει

VII.

Είσαι η πηγή η θάλασσα
η φλόγα η πνοή
η διάφανη θαλπωρή είσαι

το φως του φεγγαριού
σε ένα ποτήρι όπου πλέουν όνειρα
κι ένα μολύβι

Την οικουμένη
να σου φορούσαν σκουλαρίκι
εσύ πάλι θα είχες στήριγμα
εκείνο το μικρό αστεράκι

VIII.

Είσαι γυναίκα
και ο άντρας πρέπει πάντα σε γυναίκα
να ζητά αποδοχή συγνώμη ευλογία

Σε μάνα κόρη ερωμένη
σε γυναίκα πάντα να ζητά
γι αυτό δεν σούδωσα όνομα λουλουδιού
αλλά σε ονόμασα λουλούδι

Δεν υπάρχει πιο δύσβατο
κι απρόσμενο στον έρωτα
από τον παράλληλο βηματισμό
και τους μεγάλους δρόμους

Πέτρινα γεφύρια συνεννόησης
έχτισαν οι στίχοι μου για να διαβούμε
θέλαμε χώρο πολύ
για να περάσουν τόσα όνειρα
αγαπημένη

Είναι τα μάτια σου πηγή αντάρας και φωτιάς
τα δάκρυά σου σβήνουν τις μεγαλύτερες πυρκαγιές
οι στιγμές του άχρονου αποζητούν αγώνα
όπως το δίκιο των ανθρώπων
κι έχουν μεγάλο τίμημα

IX.

Δύναμη υπέρβασης ο έρωτας
υμνεί το παράλογο
πυρπολεί τα σωθικά

σαν δικαιωμένη επανάσταση
ή όπως φλέγονται οι ποιητές
τις θεοσκότεινες νύχτες

Δύναμη ο έρωτας
κι εγώ ασπίδα να μην ξαναμπεί
ο σωρευμένος βόγκος
στο ευαίσθητο στέρνο σου

X.

Απόψε λείπεις

Μου το είπαν
τα παλιά κουμπιά
που περιμένουν ταξινόμηση
το ξύλινο ρολόι στον τοίχο
που μετράει αντίστροφα τον χρόνο
ο κανελί σου σκύλος
που περιμένει στο κεφαλόσκαλο
το γλυκό από τα νεράτζια της αυλής
που κρυώνει στο μάρμαρο της κουζίνας
τα κλειστά βιβλία που περιδιαβαίνουν
κόσμους βυζαντινούς κι εξωτικούς
η βουκαμβίλια με το όνομα σου
η ανάσα μου που στέλνει το οξυγόνο
βαθιά για να αντέξω τις αναμονές
τα διψασμένα μου κύτταρα
που τα αποζητά μυριάδες
η πορτοκαλιά πανσέληνος

Ας λείπεις
θα σε λούσω με τα άγια μύρα
που στάζουν από το μυαλό μου
όταν το κυριεύει η οπτασία σου.

XI.

Με την απουσία σου
ο χρόνος μακραίνει
και με την παρουσία σου
αφανίζεται, τόσο μικραίνει
βλέπεις οι ερωτευμένοι
με την έλλειψη μετρούν το χρόνο

Ας λέει το κλειδί στην πόρτα
ότι δεν έλειψες ποτέ
απόψε λείπεις
κι ας ξέρω ότι είσαι παντού εδώ
ότι εδώ παντού είσαι
ως ταπεινότητα
στέρεο γεφύρι
έργου και ζωής

XII.

Και με πήραν οι μελωδίες
με ταξίδεψαν
με έφεραν κοντά γύρω
μέσα και παντού σου
αγαπημένη

κι αγκάλιασαν οι μουσικές τον κόσμο

γιατί δεν έχει άλλη αγιοσύνη
από το ταξίδι αυτό των μουσικών
που οδηγούν τους άντρες
στις αγαπημένες

και ταξίδι το ταξίδι
έφτασε ψηλά η σκάλα
που έχτισαν τα τραγούδια μου
με πήρε στο λαιμό της η ομορφιά
και που να κατέβει τώρα ο πήχης...

XIII.

Α, να ήξερες
πόσα λιμάνια άφησα
πόσους σταθμούς
και κυρίως ανθρώπους
με τη σιωπή οδηγό
και καταφύγιο τα ταξίδια
που μου τάχτηκαν
για να σε φτάσω

Έτσι
καθώς στηρίζει τα πανωφόρια του κόσμου
ένα διάφανο μικρό κουμπί

XIV.

Α η Αγάπη
που γεμίζει άγια έξαρση τα σωθικά
πλημμυρίζει την ψυχή
μπουκώνει το στήθος
πολύ σε υψώνει
κι αλλάζει η ματιά

Α η Αγάπη
Αγία Αγαπημένη
όμορφη σκούρα
εύθραυστη δύναμη
παντοδύναμη ευαισθησία
αγγίζεις με τα ακροδάχτυλα
κι ο κόσμος ομορφότερος
γεμίζει ευτυχία της στιγμής

Α η Αγάπη
Πώς με στέλνει πώς
σε κείνες τις μοναδικές αισθήσεις
ύψιστης χαράς και τρίσβαθου πένθους
σε αυτό το πηγαινέλα - ύμνο της ζωής

Α η Αγάπη
πώς με στέλνει πώς
στα άκρα νόησης κι αισθήματος

XV.

Πολύτιμη υψώνομαι
σου βαστώ το χέρι
πάμε σε χώρες μακρινές
το αδηφάγο βλέμμα σου
ρουφάει τις ομορφιές του κόσμου
ξεδιψάει η ματιά σου
η ψυχή σου ξεδιψάει

Πολύτιμη
κοίταξα βαθιά στα μάτια σου
ήπια την ανάσα σου
γεύτηκα την αφή σου
ένιωσα τη μυρωδιά σου

και φεύγω κάθε στιγμή
για κείνο το ταξίδι που μοιραζόμαστε
όταν πιάνω τη γραφίδα
και τα λευκά χαρτιά πλημμυρίζουν
αίμα χρώμα αφηγήσεις δύναμη
εντάσεις αφανισμού κι ανασύνθεσης

Αγάπη
εσαεί αναβλύζουσα
πηγή ζωής
Πολύτιμη

XVI.

Είσαι κρυμμένη δύναμη
θυσιασμένη σε σημάδια παρελθόντος
ανάσα που εκπνέει το οξυγόνο μου
φωτεινή ανάταση κάθε ονείρου μου

Γάζα λευκή τριγύρω σου
στρέφεσαι σε περιτύλιξη ακινησίας

Άλλαξε φορά κι ελευθερώσου
ικετεύω

Δεν μπορώ
η γάζα μουχλιασμένη
κι ανεβαίνει στο λαιμό
ψιθυρίζεις

Μπορείς μα χρειάζεται αντιστροφή
ψελλίζω

Μια γάζα γκρίζα περιστροφής
σκοτείνιασε το όνειρό μου

Ω Θεέ μου
είπα
πώς μπορείς να μην υπάρχεις

XVII.

Όταν δακρύζεις
μεγάλη η ησυχία

Όταν κλαις
σεβάσμια η σιωπή

Στους λυγμούς σου
απόλυτη σιγή
κι άκρατος πόνος

XVIII.

Λιγοστεύουν οι λέξεις
μεγαλώνουν τα νοήματα
με μια ματιά

είναι τότε που η σιωπή
παίρνει τη μεγαλύτερη θέση

Έχω τόσα να σου αφηγηθώ
που πρέπει να σε κοιτάζω με τις ώρες
βαθιά στα μάτια σιωπηλός

γιατί βυθιστήκαμε σε τόσα λόγια
ξεχνώντας ότι δεν τα χρειαζόμαστε

Χάθηκε το περίγραμμα στο φως
έγινε η ματιά οξύτερη
και βγαίνει τόση σιωπής δίψα...

ΠΕΡΙΕΧΟΜΕΝΑ

ΚΑΛΛΙΤΕΧΝΙΚΗ ΕΠΙΜΕΛΕΙΑ: **ΡΑΧΗΛ ΜΙΣΔΡΑΧΗ-ΚΑΠΟΝ**

ΗΛΕΚΤΡΟΝΙΚΗ ΕΠΕΞΕΡΓΑΣΙΑ: **ΕΛΕΝΗ ΒΑΛΜΑ, ΜΙΝΑ ΜΑΝΤΑ**

ΕΚΤΥΠΩΣΗ: **Ι. ΣΚΟΥΡΙΑΣ ΕΠΕ - ΛΙΘΟΠΡΙΝΤ**

ΒΙΒΛΙΟΔΕΣΙΑ: **ΑΦΟΙ ΣΤΡΑΤΗ ΟΕ**